MOS HARRO TË MË PUTHËSH

ILIR MAGJISTARI

Mos harro
të më puthësh

- poezi -

RL**BOOKS**
2020

Autor: **Ilir Magjistari**

Titulli: Mos harro të më puthësh

Redaktor,
organizimi grafik,
kopertina,
Arben Bllaci

ISBN
978-9928-044-06-8

Printed and distributed by
RLBOOKS
2020
Kopertina: Dritan Kiçi
Fotoja e kopertinës:
Aleksandar Pasaric, pexels.com

SI ZGJUA

Mbi trupin tim bletë e llastuar
Shkon e vjen e mbledh nektar,
Më deh lëkura e praruar
E s'ngopem erë kur të marr

Mbi trupin tim, mbi trupin tënd
Ne shenja horoskopi shkruam.
Dhe buzë e kuqe bukur gdhëndi
Ngjethje. Dhe heshtëm, drithëruam.

Me mjaltë plot. siç është një zgjua
Përmbushur plot me ëmbëlsi,
Të pres të derdhesh përmbi mua
Me valë detesh - dashuri...

SHPIRTI

Ka kohë
Ka kohë që thikën më ngul,
Po shpirti smë del.
Habitesh...

E di pse?

Se ta kam dhënë ty,
Ty, që spo kupton
Si vetvritesh...

SHIHNIM FILXHANËT

"*Turke*" e pinim kafenë atëherë,
Tjetër s'kish çkërkonim.
Unë kisha zili filxhanin
Se buzët e tua,
Buzët e tij pikturonin...

"Turke" e pinim kafenë atëherë,
Shijuar buzëqeshjeve na kishte.
Pastaj qeshnim,
Si brenda një pusi

Në filxhanët e kthyer lexonim
Të fshehta të gjenim,
Ca thashetheme të bënim.

Në hieroglifet e zeza,
Filxhanit shkaravitur
Sa poezi dashurie
Kemi shkruar!
Dhe qeshnim
Unë e ti,
Sa shumë qeshnim
Duarngatërruar...

Sot, mikja ime je larg,
Eh, sa larg je!
Kam mall
Të pimë si dukur
Një "turke" kafe...
2010

E TETA JE TI

Të thosha dikur,
Bota ka shtatë mrekulli,
Shtatë janë të sajat,
E teta je ti!

Të thosha dikur,
Vështrimi yt për zemrën time
Grathore* ish,
Të thosha,
Ta them sërish!

Ç'ka ndryshuar që atëherë?
Bota vazhdon me tetë mrekulli;
Shtatë janë të sajat,
E teta je ti...
2009

* është unazë me thumba që katolikët
e vënë për vetësakrifikim në kofshë dhe në shpatull

PAK ODISE

Një mbrëmje dehur me verë e dashuri
U ndjeva pa dashur pak Odise,
Llomotita në fletushka zhubravitur,
Këndova, këndova si Orfe.

Hyjnitë pastaj më erdhën pranë,
Më ofruan post perëndie.
Çelësat e parajsës në dorë m'i lanë
Veç të mos bija pre e dashurive.

- Jo - u thashë - mos bëni shaka,
Unë jam prej mishi, jam njeri.
E si t'i lë kaq miq, kaq shokë,
Si mund të rroj pa dashuri?

Mëngjesi i kthjellët gdhiu më pas,
Me mendje të kthjellët pija kafe.
Aspak i penduar për ofertën që lashë,
Ndonëse nuk isha më Odise.

Ulur buzë blusë së detit pa Çirçen,
Buzë më buzë lodroja me Penelopën time.
Me sy nëpër mjegull drejt Itakës
Tregoja aventurat, si pre dashurie...

SA E FSHEHUR JE

Nga hyre mbrëmë
Në ëndërrat e mia,
Si hyre?
Nuk të vura re...
Sot e habitur më shihje
Kur thosha
Sa e fshehur je...

Nga hyre mbrëmë
Në ëndërrat e mia?
Unë ato porta mbyllur i kisha.
Ke hyrë kaq fshehur,
Kaq fshehur
Dhe i paske parë të gjitha...

Dhe sot çudi, çudi
Bën sikur s'di gjë.
A ishe mbrëmë
Në ëndërrat e mia?
Mos thuaj "jo",
Se fytyrën
Ta përflaku dashuria...

DJEGIE

Nështrimet,
Prekjet,
Miklimet e tua
Si meteoritë që bien,
Digjen pa zë...
Pastaj
Fiken në trupin tim,
Deri sa...
Botë të mos ketë më!

PER TY, MIKU IM

Shpirtin tënd, zemrën
Dhimbja si grathore
Copë ta ka bërë.

Trishtim kullon,
Farmak
Të hidhur, e tërë.

Nën to bari zverdhet,
Tulipanët
Nuk çelin më.

Vargjet e bukur
Zbehen
Dhe kënga s'ka zë.

Në Graalin* e shenjtë
Do ta mbledh atë vrer,
Me një frymë do ta pi.

Prapë pranë do më kesh,
Trishtimin
Ta pjesëtojmë për dy.

Dhe vargjet sërish
Bukur do rrjedhin,
Bari do blerojë përsëri.

Në supin tim tulipanët
Kokën do ngrenë,
Prapë do të jesh ti...
2010

* Graali është kupa e shenjtë ku Jezusi piu verë
natën e fundit. Thonë që ekziston e fshehur.

RASTËSISHT

Ç"bëri vallë zoti ynë?

Mori më të veçantën
Ngjyrë ylberi,
Mori më të bukurin yll,
Mori lulen më të freskët,
Mori...

Dhe të bëri ty!

Pastaj,
Për të ndarë
Me dikë kryeveprën,
Më dha mua sy!

DETI

... Dhe vera erdhi,
U verbuam gjithë ditën në diell.
Si për të larë mëkatet
E stinëve shkuar
U pllaquritëm në det.

Dhe deti,
Ah, deti
Sërish i pastër mbeti!...

LOTË FËMIJE

Lotët e tu margaritarë
Bien mbi dëshira kapriçioze
Të paplotësuara,
Naive, fëminore...

Lotët e mi
Shpirtin lagin,
Përgjunjem,
Përgjunjem para teje...

Përveshur buza
Petal trëndafili,
Zemra ime palosur, grisur -
Përthyerje fëmijërie.

Për fat
"Armiku" ende s'e di
Se për të më thyer
Dërgonte nje ushtri
Me fëmijë sypërlotur...

Dhe unë
Pa kushte do isha dorëzuar,
Në lotë fëmijësh rrëzuar...

KONSTATIM

Çdo fundpranvere,
Buzë trotuarëve
Lulëzimi i blirëve
Kurorë qytetit i rri.

Natë e ditë
Zhurmojnë lule e bletë
Në më të moralshmen,
Më të ëmblën orgji...

KUJT T'I LUTEM

Ju drejtova Shën Diellit në mëngjes,
Shën Hënës në mbrëmje.
Ai u fsheh pas resh,
Ajo harboi pas yjve...

E kujt t'i lutem vallë,
Ç'pres prej hyjnive,
Kështu, i përgjunjur
Mes dashurive?...

EKG

Në dorë mbaj një rekomandim
Për analizë gjaku
Dhe për zemrën
Një EKG.

Por kam frikë mjekun;
Do më lëxojë marrëzitë e zemrës
E kush dreqin merret me të!...

NE, EVA
DHE ADAMI

Në lotë malli u lagëm,
Zjarri ajzbergët shkriu.
Uji e lotët mbytën botën,
Vetëm unë e ti mbetëm
Si Adami me Evën
Gati të kafshojmë mollën...

SI JETA

Deti...
Kaq i qetë në sipërfaqe,
Sa i zhurmshëm përbrenda!

Veshin mbështes
Në rërën e lagur,
Dëgjoj këngët që m'i ka ënda.

Dhe rroj me detin
Nëpër ëndërra...

SHEHEREZADJA IME

Një mijë e një netë të kërkova,
Ty, Sheherezadja ime
E s'të gjeta dot!

Nëpër mbretër e nëpër xhinde,
Me dhurata e flijime...
U përpoqa kot.

Ishe imja nëpër përralla,
Ishe imja nëpër ëndërra,
Aladini s'dinte gjë.

Tundte llampën nëpër duar,
Tundte llampën zemëruar,
Por ti s'dilje nëpër të...

Ja ku erdhe kur s'e prisja,
Ëndërra më nuk shoh,
Sheherezade e vërtetë.

Belbëzoja, më nuk flisja
E më duket se të njoh
Këtu e një mijë e një netë...

SYTË E TU

Sytë e tu,
Ah, blutë e tu!

Sa i vogël deti
Kur ndala aty!

Sa m'u dhimbs vetja
Që s'notova dot!

Pikova sytë e mi
Në të tutë - lot.

Dhe ika,
Humba pa not!...

MBRËMË FJETA
ME KLEOPATRËN

Mbrëmë,
Ah, mbrëmë
Fjeta me Kleopatrën,
Si skllav i zgjedhur për dashuri.
Dhe e dija,
Sot kokëprerë do gdhija,
Mbetur në histori.

Mbrëmë,
Ah, mbrëmë fjeta me Kleopatrën
Në çarçafë mendafshi, erëmirë.
Aromë e trëndafiltë,
Shandanë, qirinj...

Në shtrat mbretërish,
Zgjatur e shtrirë...

Mbrëmë,
Ah, mbrëmë fjeta me Kleopatrën.
Në mëngjes
Kleopatra ime qeshte si e marrë.
- Të flesh me të
E koka të mos ikë! - më thoshte, -
Duhet të jesh Jul Çezar.

Po sot me kokë mbi supe jam,
Jam Jul Cezari yt
Këtë mëngjes frikërime.
Dhe ti mbretëreshë e bukur,
E brishtë, lozonjare,
Ti, Kleopatra ime!...
2010

PËRRALLË ME MBRET

Dyzetë kamzhikë në kurriz,
Dënuar jam nga mbreti,
Se...
Ktheva kokën nga mbretëresha
Dhe syri pas saj më mbeti...

Ajo buzëqeshur, koketë,
Flokët mbi kurorë hodhi mënjanë.
I prita në kurriz dyzetë kamzhikë
E mbretit në gjunjë i thashë:
- Më fal!...

Dyzetë kamzhikë në kurriz...
Dënuar jam nga mbretëresha,
Se pas dënimit mbretit i premtova
Kokën pas saj
Më s'do ta ktheja...

Skllav
Me kurrizin plagë kamzhikësh,
Vij e shkoj e vij e shkoj.
Si t'ia bëj, vërtet s'e di
Nga teka mbretërish të shpëtoj...

PARAGJYKIM

Në gjoksin tënd,
Mbi gjinj të bardhë,
Diku në mes, në kraharor
Të nxin, të nxin një tatuazh,
Një aligator*...

Po përse vallë ta kesh ndotur
Atë lëkurë mermer lëmuar?
Një poezi mbi gjoksin tënd
Sa një grusht perla zbukuruar...
2010

* krokodil

IMZOT, ROBINSON

Ai,
Pa gjumë nuk sheh dot ëndërra,
Imzot Robinson
Mbetur fillikat
Mbi çarçafë të zbehtë.
Rrudhur,
Vyshkur e tharë
Nga stina e gjatë
E vetmisë.
Aty ku kaq vjet
Fishkëllen melodi të vjetra
Trishtimi,
Kërkon pak tokë
Të mbjellësh
Lotët e mbetur pa tharë.

Dashuron veten mërzitshëm
Aty,
Në ftohmë eskimezësh
Ku flamuj
Të pamerituar fitoresh
Valëviten dhimbshëm
Dhe ende vetëm
Lënë të kanë.

Pret me durim
Të të marrin anije,
Anije që tokë
Prej kohësh s'kanë parë.
Notuar
Në dete ëndërrash pa brigje
Ku ankoruar
Shpresë nuk kanë...

Të gjithë,
Të gjithë si ty, imzot
Mbi tokë
Kërkojnë pak "dhe".
Po, po!
Pak dhe ku të mbjellin ëndërrat
Që do t'u shtojnë jetën...

Unë...
Ah, unë e di ç›pret ti, imzot!

Me trupin përvëlim të vetmitares
Çarçafët e zhubrosur
Nga sikletet e natës së gjatë
T'i shtrish,
T'i hekurosësh,
Spërkatur me epshe,
Pëshpërima,
Ofshama munguar prej kohësh,
Të shkaravisin ajrin
Pezull mbi kokën tënde.

Unë e di, imzot,
Ti atëherë do flesh,
Por ëndërra
Më nuk do të shohësh
Dhe nuk e di
Si vallë pa ëndërra do rrosh?...
2010

E DUA ME VETE

Ja ku vij sërish
Në kishëzën time,
Para ikonave të përlotura,
Plasaritur nga dhimbjet
Të falem,
Të rrëfej mëkate të pabëra,
T'i bëj të më bësojnë
Pastërtinë!...

Kryqëzuar pa faj
Ndihem si Jezusi
Me plagë
Që thellë më rrjedhin
Gjak
Nga ai më i kuqi,
Më i papërlyeri...

Dhe pi,

Pi verë.
Pi verë
Mbase dehem
Ndonjë mëkat të kujtoj
E para ikonave e zotit tim
I rrëfyer të mbetem.

Pastaj,
Pastaj të iki,
Të përlyhem mëkatesh përsëri.
Sa jam në jetë
Me vete dua ta kem
Ah, këtë kishëzë,
Këtë kishëzë të shkretë!
2010

REMI*

Kemi kaq kohë
Luajmë e luajmë.
Ranë kalatë,
Kuajt,
Oficerët.
Dhe të bindurit ushtarë
Një nga një ranë
Ende pa u dekoruar...

Ah, ranë edhe damat,
Zonjëzat,
Mbase ende pa u zhvirgjëruar
Me ëndërrat e fitores,
Me ar mbi supe,
Nëpër krahë e gishta
Me zëra të ashpër urdhëruar.

Ne
Mbetëm
Mbretër
Pa gardë, pa oborr.
Vetëm!...

Dhe bredhim,
Bredhim, ndjekim njëri-tjetrin
Fshehur në arrati.

Ç'e duam këtë jetë unë dhe ti?
Kundërshtarë
Bredhim e nuk vritemi,
Për gjysmë pike
Jetojmë kot në vetmi
Gjysmëjetën e mbetur
Pa vlerë,
Remi!
tetor, 2010

* term që përdoret në shah kur loja mbyllet pa fitmitar.

NË GJUMIN TËND

Ti tani sigurisht fle
Mbështjellë
Në ëndërra carçafëbardha.
Buzëqesh,
Pastaj vetullngritur,
Kënaqur,
Buzëqeshur e habitur
Si në përralla
Ku mes xhuxhave
Ti je Borëbardha...

Gjumi trishtueshëm
Në vetmi të ka zënë,
Më ke pritur
Ah, kush e di sa,
Ngrohtësinë tënde
Së largu ndjeja,
Princeshë e ëndërrave të mia!
2010

DIELLIN MOS
MA MBULO

Mos ma mbulo diellin
Ti,
Rrugaçi "i fortë"
Me grushta të zinj
Gjer në eshtrat e tua fatkeqe!
Edhe unë kam grushte
Të bardhë, po deshe,
Por më parë
Kam arsye.

As ti, politikan
Mos ma mbulo diellin
Me gënjeshtra e premtime,
Mos ma mbulo diellin
Se kam në të
Pjesëzën time!

Ti, mashtrues, tradhëtar
Që fitimet e allishverishit
Në fytyrë mes jargësh më tund,
Mbaji, janë të tuat,
Por jo nga dielli im!

Ti, shitës, që më vjedh në peshë,
Ti, blerës që vjen me para false,
Mos ma mbulo diellin,
Se rrufe do ta merrni resto
Jo diell!...

Ti, polic trafiku,
Që gjobë më vë
Për ngjyrën e makinës
Që stë pëlqen,
Mos ma mbulo,
Kam edhe unë një copëz diell!

Edhe ti, e dashur,
Që mbrëmjeve më heton
Me kë piva kafen e mëngjesit,
E di?
Më takon edhe mua një copëz diell!

Jo vetëm kaq,
Edhe natën kur fle
Brenda kan diell,
Jetoj dhe ndiej...

Që ditën e parë
Që sytë hapa,
Kam thënë:
- Mirëmëngjes, diell!
Dhe një copëz hipotekuar e kam
Jo me letra false,
Me dokumenta origjinale
Nga i hershmi Adam!
2010

SOT

Sot,
Po, po sot në drekë
U tall me mua
Një pijanec i dehur,
I panjohur,
I pistë, i parruar,
Me shishe në dorë,
Me këmbët që i merreshin,
I padhëmbë,
I pashpresë.
Më zgjati shishen,
Më ftoi të pinim,
Të ecnim
Të rrinim...
U lëndova i fyer,
I mërzitur.
Pastaj,
Ah, pastajktheva kokën
E pashë
E pata zili;
Ishte në lumturinë e tij!...
2010

KORBAT

Në kohë shtetrrethimesh
Tufa e korbave
Zgërdhin,
Tregon barcaleta,
Qesh neveritshëm,
Kërkëllin...
...
Tufa e pëllumbave
Hesht,
Prej tyre
Vdekur përdhe disa bien.

Në kohë paqeje
Tufa e korbave
Shuan urinë
Me kërma.*
Tufa e pëllumbave,
Me sqep gjethulliri
Fluturon,
Shijon lirinë...
2010

* kufomë e dekompozuar që kutërbon
  erë e keqe

PERMBYTUR

Oh, nanë!...
Kanë ndërrue pamje djajtë,
Bajlozat nga malet zbritur kanë
Ujë, qull të lagur.
Dhe ujë,
Dhe dritë...
Çdo gja po na hanë.
Gjithë toka pasqyra veshun
Ëndërrat, t'tana m'i ka tretun,
Lagur më janë.
Të ikim?
Ku?

S'i marr dot pa tharë.

Oh, si mund të ikim,
Si mund të ikim, nanë?
Po dhuratën,
Dhuratën e vitit të ri
S'do ma blesh?
Ti ik, ik,
Mua prap ktu do më gjesh!
Ik, nanë, ik
Unë nuk vij
T'më mbash në shpinë.
Do rri këtu,
Të pres
Gjergj Elez Alinë...

KUR MBRËMJA
TË VIJË

Kur mbrëmja të vijë
E yjet të ndrijnë,
Lehtë do trokas
Në derën tënde.
Me hënën përdore
Buzëqeshur do puthemi,
Si engjëjt do zhvishemi,
Do rrimë përqafuar,
Për t'i thënë natës
Se vetëm nuk jemi...

Kur diellii majave
Tingujt e ditës
Të nisë të këndojë,
Ofshamat e natës

46

Më nuk do ndihen,
Ti,
Ëndërra ime do thuash,
"Të lutem, rri dhe pak!".
Por ti e di,
Po më pa dielli
Unë bëhem djall.

E lotët e tu për ikjen time
Nuk do t'i fshij,
Do t'i lë pa tharë.
Në gjoks do t'i mbaj
Sa sërish
Nata do vijë
E unë tek ty
Prapë do trokas...

Se natën vijnë yjet
Me hënën pas...
2011

ISHTE KOHË
FISHKËLLIMASH

Ishte kohë fishkëllimash,
S'kishte celular.
Janari në dritaren tënde
Gjurmë të bardha
Kishte lënë mbi parmak.
Nën të fishkëlleja
I ngrirë si në sarkofag.

Ishte kohë fishkëllimash.
Ti
Fshehur zbrisje të më ngrohje.
Përqafimi jetë më jepte,
S'isha më në sarkofag,
Ndizej drita,
Përshëndesje,
Shkrinte bryma mbi parmak.

Ishte kohë fishkëllimash.
S'kishte celular...
2011

THE GHOST*

- për veten në vetë të dytë -

*U*lur
Mbi gurin e varrit tim
Ku dallëndyshet cicërojnë
Pa pushim,
Lexoj epitafin
Që vetë e shkrova
Ashtu,
Shtrembër-shtrembër,
Që kur isha gjallë.

Dhe qesh,
Dhe qesh se atëherë
S'ma tha askush
E tani,
Tani nga të gjithë
Ndihem përqeshur.
Edhe nga hija e qiparisit
Qe bie mbi ty,
Mbi mua...

* fantazmë

Unë
Tërë të fshehtat t'i di,
Ato që tani
Për askënd s'kanë rëndësi.
E vërtet,
Vërtet nuk di
Në mund të vë në paqe,
Me gjysmë zemre
Të kam sjellë një pëllumb.
Po, po!
Edhe një tufë lule
Për ty,
Për mua,
Për ato që s'arrite t'i bësh
Ti...
Unë, pra!

I prek germat,
Pastaj datat
Për lindje-vdekje
Dhe ndjej
Sa pak kam jetuar,

Ndaj dhe s'munda kaq mirë
Epitafin tim
Ta shkruaj...

Sa shumë kam jetuar,
Prej dhimbjesh që pata,
Për humbjet që kisha,
Për tradhëtitë e pazbuluara,
Për djajtë e padjegur,
Në tymëri thashethemesh
Tretur...

Përlotem një çast
Për ty,
Për veten
Dhe iki...
Iki
Për t'u kthyer sërish,
Ashtu si hija ime,
Si hija jote
Që s'ma njeh askush...
2011

NËNËS

ËNës
Ia ndjej edhe në telefon
Merakun,
Dridhjen e dorës,
Dhimbjen e zemrës.
E ndjej
Edhe kur është në krevat,
E pamundur,
E sëmurë
E prapë për mua plot merak.
- Jam mirë, - i them - çke?
- Më dhemb burimi ku ke pirë -
Sisë e majtë...
Kam frikë,
Trembem mos të marrin djajtë...

Dhe lotët e saj
Më lagin që larg
Çdo eshtër,
Gjithçka e tres në kohën e ditës,
Rend e i futem në prehër.

Ia marr në të miat
Të bardhat duar,
Të rrudhurat si fletë libri,
I përkëdhel,
I lexoj
Unë, biri!
Gjersa të mos i dhëmbë më
Burimi ku piva;
Gjiri...
2011

ULLIRI I VJETËR

Aty buzë rruge,
I heshtur
Rri ulliri i vjetër
Pjesë-pjesë i tharë
Nga vetëtimat e së shkuarës.
Pjesë-pjesë djegur
Nga bubullimat,
Trembur
Nga pesha e moshës kërrusur.

Stinë e re vjen
E flladi i ëmbël degëzat tund,
Tek-tuk bleron,
Jetë merr
Nëpër trung...

E nëse flladi bën stuhi,
Degëzat thyhen mes për mes,
Jeta befas shteret,
Ikën trungu,
Thahet,
Vdes...
2011

TINGUJ MESNATE

Pak pas mesnate ishte
Kur hëna
Çorri barkun majë kambanares
Kapur me gishta.
Kambanat
Në vaj tingëlluan
Një "oh" pafajësie.

U zgjova
Shkëputur nga ëndërr e gjakosur
Hëna më nuk dukej.
Nuk di
Mbi ç›degë trëndafilash
Kishte rënë plagosur.

Dhe plagët lëpinte
T'i shëronte
Kokëulur, turpëruar
Nëpër përgjime...

Të paveshët flinin,

Nëpër ëndërra bajate qeshnin,
(Pa hënë sigurisht)
Fatin e tyre tallnin,
Ironi neveritëse
Tregonin me gisht...

Kambanat
Ritualin vazhdonin:
Ding-dong,
Jetoni jetën
Ding-dong!

Hëna
Përskuqur majëmalesh
Ikte e çalë,
Fshehur
Nga tinguj kambanash
E kreshta kambanaresh
Pa fund.

E gjata natë
Ku dhimbja e hënës
Me tinguj
Kambanash këmbehet.
Sa e gjatë!
2011

NËN AVLLI
TË PUTHA

Nën avlli të Shën Mërisë
Gjarpëruar jargavani.
Ngatërronim gishtërinjtë
Përvëluar malli.

Erë myshku vinte mbrëmja,
E kujtoj, maji sa nis...
U drodh, tundi kambanaren
Psherëtimë e dashurisë!
2011

NË POGRADEC

Mbushur plot nimfa
Thellësi e gjolit kaltëron,
Merr frymë në kallamishta -
Sy malor që loton...

Si pasthirrmë dashurie
Emri ndrit mbi pasqyrime;
Oh - ri.
Po sa,
Sa të rri?
A çmallesh dot ti?
2011

SHTËPI E VJETËR

Shtëpi e vjetër tani rri heshtur,
Pa zhurmë, shaka e gjallëri.
Këtu qeshnim,
Tregonim barcaleta,
Aty më tutje bënim dashuri...

As mace shtrirë në divan,
As qen xheloz që lehte jashtë,
As në kopësht
Trëndafila më nuk ka.
Pëllumbat
Braktisur e kanë
Folenë me kashtë...

Por prapë
Përreth ka zhurmë, jetë.
Xixëllonjat mbrëmjeve
Ndrijnë përsëri,
Një plak me tespihe
Dremit në prag të portës,
Më tutje, një çift i ndrojtur
Bën dashuri...
2011

AH, ANALIZAT

Me buzë e gojë të tharë
Bëj analizë diabeti.
Dy orë pa ngrënë,
Dy orë pa pirë
Për një pikë gjak testi.

Në krevat shtrirë,
Mjeku më sheh rreptë
Mos kam abuzuar me sheqer.
Këshilla për dietë,
Ushqime, pije, alkool...
Me letra e receta jep e merr.

Më flet për ilaçet,
Orarët që duhet të mbaj,
Të... ëmblat më s'duhet të marr.
I trembur i them:
- As ëmbëlsinë e buzëve të saj?

Mjeku qesh.
Kam dalë mirë.
Por edhe nëse hyja
Në ushtrinë diabetike
Do ngrija dolli
Me një krikëll të madhe birrë.

E prapë me mua jep e merr;
- Ah, e si mund të dalësh ti
I plotësuar me sheqer,
I pangopur me dashuri?!
2011

NËN DRITARET E TUA

Kaloj nën dritaret e tua,
Ti këtu s'e ke më shtëpinë.
Përpiqem,
Por veten s'e mbaj,
Që poshtë nis një fishkëllimë.

Por në dritare nuk del më njeri,
Me "mors" - in e syve të tu
Më nuk lidhem dot
Dhe rri një çast aty nën dritare,
Se pas xhamit s'do dukesh,
Nuk e besoj.

Me mall i shoh ato dritare,
Atë ballkon.
Ti aty s'e ke më shtëpinë.
Sa herë kaloj pranë tyre
Veten s'e mbaj dot,
Që poshtë nis një fishkëllimë...

U LUTA

Që pa gdhirë mëkatova,
Vrava,
Preva,
Vodha ,
Tradhëtova,
Përdhunova
E zotit të më japë
Endërrat e liga
Kërkova.
Por ishte në gjumë,
Gjumin në mes s'ia këputa.

E lashë të flerë,
Që ëndërra si të miat
Të mos shohë,
U luta,
U luta!...
2011

ATY

Aty
Ku era të fryjë
Dhe retë të shpërndajë,
Dielli do ndriçojë buzëqeshur.

Aty
Bëmë rrugë
Të të them çdua,
Se aty fillojnë ëndërrat
Shpresëmbetur...
2012

NESËR MOS MË ZGJO

Nesër
Mos më zgjo,
Dua të fle gjatë!
Më pas t'i them,
Kam ëndërra për të parë...

Aty është këmisha e hekurosur,
Mbi kariKe varur.
Edhe pulovri,
Dhe këpucët lyer me kujdes.
Ah, kam ëndërra për të parë
Gjer në mëngjes...

Nesër mos më zgjo,
Ndonëse dhe gjumi ka masë,
Lermë të fle gjatë,
Të jem në parajsë!

Nesër...
Ah, nesër mos më zgjo!...
2011

PA BUSULL

Bien monumentet,
Bien si manekinë
Hequr nga piedestalet.
Mitet
Mbeten nëpërkëmbur,
Jargavitur,
Pështyrë,
Terhiqen zvarrë...

Manekinë të rinj
Ngjiten në piedestal
Ashtu, "thjesht",
Kapur me vida të arta,
(Të çmontueshme
vetëm me një çelës)
Për të pritur rënien e tyre.

Legjendat mundohen të flasin,
Të pagoja i lanë,
Të verbëra,
Të shurdhëta.
Dhe mbeten
Botë manekinësh në pushtet,
Lojë me kukulla
Që as busullën nuk njohin,
As veten më...

Ah, medet!
2012

TROKAS

*T*rokas në derën tënde
Tak, tak...
Trokitjen time
Dëgjon përballë
Dhe hesht,
Hesht pa fjalë.

Nuk jam
Ujku këmbëbardhë
Që derën s'ma hap
E s'më thua një fjalë.
E di,
Pas dere je,
Trishtueshëm pret
Nuk e di çfarë.

Dëgjon kambanën tek bie
E ndjen therje zemre
Në çdo tingull të saj...

Trokas,
Tak, tak...
Përgjigje s'marr.
Ti,
Jeton vetminë.
Që kur s'jemi të dy?
Mos u fshih më,
Dije,
Unë kam mbetur te ty...
2012

KUR TI FLE

Ti po fle?
As zërin s'ta dëgjoj,
As lëvizje s'ndjej
Në këtë heshtje të plotë.

Veç frymëmarrja luan
Mbi jastëkun e bardhë.
Përgjoj,
Po asnjë fjalë.

Ëndërrat i sheh,
Vetëm qesh.
Dhe prapë s'mi tregon,
Më bën xheloz,
Më bën të të zgjoj...
2012

*** * ***

Sa herë
Nën krahët e avionit shoh
Kur iki larg nga vendi im,
Hesht...
Sylagur dua të kuptoj
Mall e kam
Apo trishtim?

VERBUAR

*T*i, dielli im
Më lë verbuar.
Pa sy
Nuk shoh dot,
As nuk flas dot.
Rrugicave të errëta
Brodha trishtuar.
E di?
Të verbërit
Nuk qajnë me lot.
Po ëndërrat?
Ëndërrat
Me ç'sy t'i shoh
Kështu verbuar?
2012

KAMBANARJA

Atje ku gurët
Njëri mbi tjetrin rrinë,
Tregojnë histori,
Heshtur
Kambanarja e Shën Mërisë
Rënkon psherëtima pa masë,
Trupkërrusur, plot halle
Si grua e gjatë
Nga dhimbjet shpirtplasur.

I kanë vjedhur kambanën
T'i këndojë në kafaz
Për pak më shumë euro e dollarë.
I kanë prerë gjuhën,
Verbër e kanë lënë pa sy,
Krisur muret prej dhimbjes,
Plasur eshtrat gjer në palcë,

Kambanare pa zë,
Kambanare pa jetë,
Njomur nga lotët e thatë,
Me dritëza qirinjsh ndezur
Kamareve të heshtura,
Të nderura
Si pëllëmbë zjarrduruese...

Ndriçon e bekon,
Sa mund jep jetë nga e saj
Shpirtrrëfyer për shpresë
Nga plagët hapur,
Gjakrrjedhur gurëve të trishtë,
Heshtur u flet me hijen jetëgjatë
Dhe rron...

Po si rron vallë,
Kjo kambanare pa kambanë?
2012

ATY ISHA

E di,
Mbrëmë ke fjetur e mërzitur,
Se nuk më gjete nëpër ëndërra.
Po unë të shihja
E të fshihesha.
Aty isha,
Aty brenda!...

ARITMETIKË

Dy për të dëgjuar,
Dy për të puthur,
Dy për të ecur,
Dy për të parë,
Dy për të përqafuar,
Dy për t'u dhuruar...
Aq shumë për të marrë,
Për t'u bërë një
Dhe për të mbetur përsëri dy...

ANKOHESH

Ankohesh se të sulmoj
Me puthje,
Përqafime.
Se të prek supet
E zhveshur,
Se të marr frymën
Në shtrëngime...

Ankohesh
Se t'i thaj lotët syve
Me buzët e nxehta,
Të bëj të jetosh
Si do e si dua...
Dhe pastaj qesh,
Qesh e lodhur
Ëmbëlsive dhuruar
Dhe ndihesh femër
Përkëdheljeve shëtitur.

Shtriqesh në krahët e mi
Si mbi avionë shprese,
Për të jetuar
Parajsën
Në pafundësi...
2013

KUITZ

Do hesht dhe unë një ditë,
Si të gjithë.
Pas do lë ca fjalë pa thënë,
Ca mendime të paplota
Që ti të lozësh kuitz...

PËRCILLMË

I kemi thënë të gjitha,
Të gjitha ç'duhej i thamë?
Kaq shpejt,
Kaq shpejt?
Unë pres e pres,
Ti hesht e hesht...

E nëse po,
Lermë të shkoj
Udhës nga erdha,
Përcillmë andej,
Një grusht me dhimbje
Do ta tres
Sa herë kokën pas të kthej.

As trëndafilat,
As fjalët e bukura thënë,
Nuk u barazokan
Me puthjet që më ke dhënë.

Dhe ndruhem,
Ndruhem ende nga fjalët e
pathëna,
S'di a do më dalë koha.
Sa borxhe të paskam akoma!...

QYTETI IM

Të përflakur nga perëndimi
Si Troja në ditën e fundit
Kur jepte shpirt,
Qyteti im nuk shuhet,
Qyteti im ndruhet,
Përskuqet si vajzë
Nga dashuritë...

IKE

Ike,
Nuk prite të pushonte shiu.
Nxitova
Të zija shtratin boshatisur
Mos largohej aroma jote,
Ngrohtësia që le
Çarçafëve braktisur...

Ike,
Pa çadër ishe.
Nxitoje mbi pellgje uji
Të kaloje,
Se të duhej të ikje.
Dhe kokë pas nuk ktheve
Nën qiellin trishtim.

Ajo ikje e lagur,
Pa kthim...
2013

ROJET E ËNDËRRËS

Për roje ëndërre
Nuk kam ushtarë
Me mburoja,
Heshta
E përkrenare.

Kam një bari,
Një bari me fyell,
Një me lirë
Dhe një me kitarë.
M'i bëjnë ëndërrat
Të luajnë,
Të vallëzojnë...

Se ëndërrat

Nuk i kam dinozaurë,
As flutura të lehta
Jetëshkurtëra,
As zogj
Që kapen në çark...

Ti vjen si shtojzavalle,
Me shkopin magjik
I prek,
I zgjon,
U jep jetë,
Hyn brenda tyre,
Herë bëhesh ëndërr,
Herë e vërtetë!

KJO JETË LOJË

Atëherë,
Atëherë kur s'duhej
Më erdhi goja,
Kur s'duhet të flisja,
Por vetëm të dëgjoja.

Tani,
Tani kur kam edhe veshë
Edhe gojë
E duhet të flas,
E të bërtas
Për gjëra që duhet,
Më shumë dëgjoj
Dhe hesht,
Hesht i pagojë.

Kjo jetë lojë!...
2013

ASNJË KALË

Në ditën e parë të vitit
Qyteti heshte.
Dehur nga festa,
Shpërndarë nëpër ëndërra,
E bardhë dukej heshtja.

Si e Trojës një çast
M'u duk ajo qetësi
Dhe me fytyrë lart
S'di pse u luta
Asnjë kalë të mos shihja.

Asnjë kalë
Që prish ëndërra...
2013

TË SHENJTËROHEM PAK

Habitesh ende
Si shkoj në luftë
Të derdh djersë e gjak,
Të lodhem,
Të më vrasin e të vras.
Pastaj,
Mbrëmjeve të kthehem
Mbështetur në gjoksin tënd,
Të shenjtërohem pak.
Në prehër të të rri
Përkëdhelur në sy.
Të të thur një varg,
E butësisht në shpirt
Të gjej pak vend
E kurrë të mos e humb...
2014

ARIXHOFKA

Zbathur bredh në breg të lumit,
Mbledh purteka nëpër shelgje.
Thur pa fund shporta, kanistra
T'i çosh e të mbushësh tregje.

Nuk të djeg dielli i verës,
S'ke drojë nga zalli, asfalti.
E bukura arixhofkë,
Lëkurëbronz e sydiamanti...

Zjarr e tym nga jashtë kasolles,
Hyr e dil e prapë në tenda.
Sa më djeg në gjoks kureshtja
Ç'ka e ç'bëhet aty brenda...

Freskohem në brigje lumi
Zbathur, nëpër ujra brenda.
Arixhofkë, më ndeze zjarre
E më zgjove qindra ëndërra...

S'të lë dot aty mes shelgjesh,
Të iki, s'më lë inati.
Ty, moj që më bredh në vargje
Lëkurëbronzta, sydiamanti!

2014

DO PRES
DERI VONË

Në mbrëmje,
Kur të vish vonë
Bëmë shenjë që erdhe ti.

Bëmë shenjë,
Një këngë këndomë
A hidhmë gurë në çati.

Unë do zbres
Buzëqeshur
Si jargavan erëmirë.

Ti veç puthmë,
Lotët e mallit
Mos m'i ler pa fshirë...
2012

ZARFI I BARDHË

Në një zarf të bardhë
Ca maja balukesh nga ty prerë,
Fshehur i mbaj.
Aty lexoj mendimet,
Dashuritë,
Gëzimet,
Trishtimet e tua
Që rrjedhin ngadalë.

Derisa reshtin e thahen,
Shterojnë...
Më duhet të pres
Gjer ditën që shkon te parukjerja.
Të të lutem të shkojmë bashkë,
Kinse pastaj
Do hamë një darkë.

Dhe fshehtas,

Ose më mirë, vjedhtas
Marr sërish ca maja flokësh,
Balukesh të prera
T'i fus në zarf
E të të dëgjoj
Mendimet e fundit,
Ato më të rejat.
Ç'ndodh rreth teje,
Ku jam unë,
Ku je ti,
Ku janë ëndërrat,
Minutat plot qeshje,
Çastet e errëta plot mërzi...

Ah, ai zarf i bardhë
Ai mister i paparë!...

ËNDËRR

Më sollën kokën time të prerë,
Në tabaka.
Ëndërr ishte doemos,
Por s'mora vesh çfarë isha,
Sulltan apo Ali Pasha!

REVANSH

Nata është ditë evgjite,
Mbledh lëmosha
Të turpshme frikacakësh.
Pa tutor mbi krye
Punon sa mundet,
Shpërblehet me orë pune.

Pastaj heq pelerinën,
E var në gozhdë, në mur
Dhe fshin make up-in.
Vetëm në të brendshme
Të bardha - re puplore
Merr hapësirën,
Pa harruar të lajë
Njolla mëkatesh mbetur në trup
Dhe sy të fryrë të pagjumësh
Që bëjnë si të fjetur
Për të marrë revansh...

NATA

Pagjumësi e mërzitur,
E trishtë,
Mrekullisht e bukur...

Dhe shpesh bëhem prift
Të lutem për ty.
Pastaj klloun
Për buzëqeshjen tënde.
Më pas heq maskat.
Bëhem prapë unë
Eci me ty për dore...

PA GJUMË

"Me buzëqeshjen time fli sonte,
Është jotja", - më the
Dhe ike.

Aureolë mbi mua mbetën fjalët,
Me ngjyra shumë
Mbase fjeta.
Ose...
Pa gjumë mbeta!

NISU DHE PI

Nisu, pra pije gjer në fund,
Me fund
Atë gotë
Që merak mos të mbetet!
Dhe eja me sytë
Që pa dyshim do të ndrisin
Në lotë
Nga dëshira e guximi
Për të qenë ti.

Vetëm...
Mos vono
Që gjallë të më gjesh,
Sepse kam ndërmend
Gjer në fund të ferrit të zhytem
Vetëm një herë
E frymën do mbaj,
Të mbetem pak gjallë,
Fare pak,
Aq sa të të kthej
Puthjen që borxh ta kam marrë
E kthyer s'ta kam.

Le të rrrojmë të dy
Nëse zoti thotë: "rro"!
Dhe pimë pa borxhet
Njëri-tjetrit dhënë.
Ka kohë për to...

NË ARKËN E NOES

Aty,
Kontrollova kudo për ty,
Përmbytja e madhe qe afër.
Nuk ishe,
Unë pashë kudo
Dhe trishtova se pasardhës s'do kishe
Aq të bukur sa ti,
Aq të mirë.
Ankthi më përmbyti,
Frymën më mori,
Më bëri të nxitoj,
Të zbres,
Të të kërkoj.
Kishte vend edhe për ty
Pranë timit të gjeja,
Gjersa kishte dhe për ato shtazë
Të pavlera.
Por Noe,
Noe nuk më la,
- Për të, përgjigjet Zoti,
Ajo zbret nga lart... - më tha.

SI FËMIJË

Më more për dore,
Qeshje pa fund
E më thoshe se do më tregoje
Mrekullitë e shpirtit tënd.
Do ishe për mua
Një Lizë në botë çudirash.

Të besova
E renda pas teje
Pafundësisht...

Habitur mbete ti,
Nga mrekullitë që tregova
Dhe emër
Të më vije s'gjeje,
Veç vazhdoje të qeshje
Mrekullisht...

SI DIKUR NË TOKË

Atje ku pranvera
U përzje me dimrin,
Ra heshtje për pak,
Stinët ngatërruan duart,
U pëlqyen dhe bënë dashuri
Pa një, pa dy...

Zogjtë
Të lodhur nga udha e gjatë,
Kthyer nga shtegëtimi
U trembën një çast.
Habitur për ç'ndodhi
Nxituan të gjejnë fole,
Të mësojnë të luajnë
Një lojë për ngrohje
Dhe kaq...

Pastaj,
Guxuan të nxjerrin pak kokën,
Të shohin dëborën që shkrin,
Lulet që ia dolën mbanë
Nga shakatë e stinëve
Dhe dolën nga foletë,
Si nga Arka e Noes.

Ti,
Mrekulluar nga çmenduri e stinëve
Një aparat fotografik
Shkrep ritmikisht tak, tak,
Sheh fotot dhe qesh.
S'nguron në të ftohtë aspak
Shijon stinën tënde.
Atë që të bën të jetosh ndryshe
Si dikur në tokë
Kur akoma stinët nuk qenë ndarë
Dhe zogjtë fton t'i bësh shokë...

Sa herë erdha tek ty,
Diçka të grisur mbaja me vete;
Një bluzë pambuku,
Një vrimë në çorapë,
Në pantallona mbase,
Të të dilja pak nga zemra
Nga kjo parregullsi vetëdijeje.

Por ti merrje gjilpërë e pe
Dhe grisjet me kujdes arnoje,
Më bëje sërish të bukur,
Gjithë çduhej rregulloje.
Por grisjet e zemrës
Nuk mund të m'i shihje.
M'i mbyllje
Me të ëmblat puthje...

RRUGË JETE

Çudi si u bë kjo rrugë!
Pa tendera,
Pa të njohur të tjerë.
Një fjalë e thashë unë,
Një fjalë e the ti,
Kalldrëmi mori formë
Me gurë shumëngjyrësh.
Pranë e pranë
Vendosur pa rregull.
Të bardhë e të errët,
Të verdhë e të kuq...

Buzë saj bleruan margaritat
Ndërsa qielli mbi të
Kaltëroi pa fund.
Çudi si u bë kjo rrugë,
U zgjerua,
U zgjat,
U vesh me asfalt.

Tani mbi të ecim më qetë
Me fjalët tona
Bërë margaritarë,
Pak rrudha në fytyrë,
Me flokë të grinjtë
Nën një qiell të portokalltë
Ngjyrosur nga dielli në perëndim...

Si u bë kjo rrugë?
Çuditem këtë muzg...

VENDTAKIMET

Harronim vendin,
Ishim të rinj atëherë
Dhe ankth e padurim
Kishim për takimin e radhës.
Kur përcilleshim
Mezi prisnim puthjen e mallit,
Puthjen e "ndarjes".
Pastaj linim për takimin tjetër
Një ditë,
Një orë.
Vendin
Nga ankthi,
Nga malli i puthjes,
Nga padurimi
Harronim ta caktonim...

Pëshpërisnim pa fund
"Më do, të dua!",
Të gjeja në ëndërrat e mia,
Më gjeje në ëndërrat e tua.

Ashtu kanë mbetur akoma
Ëndërrat,
Vëndtakimet tona...

MOS HARRO

Kur të vish,
Mos harro të më sjellësh
Atë...
Pasqyrën e vogël
Që më ke premtuar.
Në të shoh veten
Si më ke parë ti.
Mos harro të më sjellësh
Një pjesëz shpirt,
Premtuar ma ke
Shpejt, shumë shpejt,
Që kur kam lindur,
Se që atëherë të kam njohur.
Edhe ca çamçakiza më sill,
Nga ty i dua,
Të dukem sikur përtyp

Fjalë të ngurta
Që rrallë thuhen
Fshehur në kasafortë brinjësh.
Mos harro të më sjellësh
Edhe një palë lidhëse këpucësh.
Më janë këputur së shtrënguari
Sa herë nisem të kërkoj ty
Dhe nuk të gjej...

Mos harro të m'i sjellësh
Nëse vjen!...
2014

VJEN TI

𝒮 premte,
Ditë kryqëzimesh,
Mbyllje epokash
Që vijnë erë myk
Njerëzish të vjetër,
Të pashpresë.
Pont Pilati lan duart
Me ujë mëkatesh.

E premtja
E fundit ngjyrë errësire,
Një planet lind,
Afërdita ndrit.
E premtja,
E tëra marrëzi.

E premtja e lumtur,
Dita që vjen ti...

SE SI M'U DUK

Më erdhi një puthje nga ty,
U habita sigurisht.
Ke dashur ta nisësh diku tjetër
E çove tek adresë e vjetër
Gabimisht.

Pastaj më erdhi
Një "më fal"
Dhe qesha,
Puthjen ta ktheva
Me mall.
E dija që s'qe më për mua
Po sesi m'u duk,
Aq lozonjare
Mes hireve të tua...

NËNA

Ajo hyri në sallë,
- Është nëna ime! - i thashë mjekut -
Më e mira në botë!
Bëni kujdes,
Shpëtojeni,
Zoti ju bekoftë!

Dhe bëra kryqin,
Atë që s'e kisha bërë
Kurrë më parë;
U luta
Me sy nëpër lotë...

MBRËMË

Mbrëmë
Nuk desha të bëj dashuri me ty.
Lexoja gazetën,
Lajme për Siri,
Sa të vrarë nga ISIS,
Gënjeshtrat e ministrit pa turp
Për një të sëmurë që s'do urgjencë
Dhe plagë m'u bënë në trup...

As ti s'u ndjeve, hekurosje.
Nuk di çfarë
Rroba apo ëndërra...
Gjersa me siguri ke fjetur
Lodhur nga dita,
Nga lajmet e trishta...

BUSTI

I kam prekur ata flokë,
I kam puthur ata sy,
Ato buzë...
Sot janë fosilizuar,
Kanë ngrirë në zbehje,
Janë bërë skulpturë.

Nuk di kush i ngjall,
I bën të jetojnë,
Por dua ta thyej atë bust
Sërish të më ngrohë...

STINA VONON

Ti
Që duron temperatura të tilla
Jashtëtokësore dhe hesht,
Përpiqesh të ngrohësh
Shpirtra vdekur prej kohësh...

E di,
E di që jemi në një stacion?
Jo për t'u nisur kund,
Po për të pritur
Stinën që ngroh.

Duke ndenjur në pritje
Ftohemi pa fund
E stina e ngrohtë
Vonon...

MURGU

*T*i dogji duart
Malli që të lashë mbi pëllëmbë,
Trup e shpirt mbështjellë
Si gonxhe lulesh dhenë.

Të lashë ditën time,
Vegime mëngjesi dhurova për ty,
Buzëqeshja ime të bën të bukur,
Lëvizin planete në sytë e tu.
Gërshetat në ngjyrat e vjeshtës
T'i mbaj në duar,
Dridhem nga malli,
Kuturu më rreh zemra.

Të eci pranë mëngjeseve,
Po ti nuk më sheh.
Sytë kam spërkatur me vesë,
Bëhem shpesh engjëlli yt,
Shpirt bëhem,
Mbroj aureolen tënde,
Vegime që me postë shpirti ti nis...

Dhe mbetem heshtur,
Murg
Në shpirt,
Në trup...

DALLËNDYSHET

Ipashë!...
Rregulloheshin,
Nxitonin,
Plaçkat paketonin
Për të ardhur tek ti.

Vagonë mbushur,
Avionë,
Autobusë përplot,
Telegrame malli pa nisur...

Një stinë më prit!

Bileta të shtrenjta,
Pasaportat në dorë,
Nxitojnë për tek ty.
Shpirtbrishtë,
Mbetur boheme...

Puplashpupurisur
Vjeshtës që nisi,
E bukur, shumëngjyrëshe,
Për ta e frikshme.

Shtegëtarë palltogrisur
Për vise të ngrohta nisur!

PRITMË

Po nisem me vrap
Të marr karrocën e artë,
Të mbaj premtimin,
Të të çoj në parajsë,
Në qiellin e shtatë...

FJETA

Mbi këmbët e tua
Fjeta mbrëmë si maçok.
Lodhur nga dimri i gjatë
U përkedhela, fjeta ngrohtë
Mbledhur kutullaç...
S'do ta harroj
Atë natë...

QUITZ

Më lodh malli për ty,
Ëndërrat
Nuk më çmallin dot.
Do hesht dhe unë një ditë
Si të gjithë.

Pas
Do lë ca fjalë pa thënë
Të lozësh ti quitz...

BRORIMË YJESH

Sonte
Pritet të bien yje
Si brorimë...
Me shami të bardhë,
Të hollë
Do t'i pres,
Të yjëzoj kurmin tënd.

Nesër
T'i nis sërish në qiell....

NJË ËNDËRR

Kisha një ëndërr të bukur,
U rrudh, u thinj, para kohe u mpak.
Një ëndërr që stinët m'i ndërronte
Brenda natës u tret e pafat...

VRASJE

Më vranë një ëndërr
Si pulbardhë.
Tek binte
Qiellin shkaraviste me thonj
Si e marrë
E këlthiste,
Këlthiste
Gjer thellë shpirtit tim:
"Mos vuaj, vramë!"...

Dhe e vrava!

Mbi varr do t'i vë
Dy karafila të bardhë -
Shpresë për ditët që vijnë.
Ndoshta e bekuar është,
Ndoshta rilind...

MEDITIM

Guaska të fosilizuara
Natës që mbars trishtim
Dashuruar mbetën.

Shi që lind kujtime
Në trokitje germash mbi asfalt.
Taka zonjash, gjurmë që treten,
Qyteti im.

Qyteti im
Që zgjohet rrugëlagur
Nga lotë malli,
Ngjyrë mëngjesi i ka sytë,
Të argjenta faqet,
Buzëkuqe
Retë nga lind dielli...

Dhe unë
Që me hapa shkaravis
Itinerarin tim,
Në googlemap*
Gjej ku duhet të eci,
Të them mirëmëngjes
E udhën e ditës të vazhdoj
Si shumë të tjerë...

Qyteti im!...

*udhërrëfyes satelitor

SA PRITA

Prita kaq vite
Të jem princi i kaltër,
Të vij të të zgjoj ty,
Të bukurën e dheut.
Por mbeta i bardhë,
Me zgavra në sy,
Në ngjyrë të vdekjes
Nëpër ëndërra fshehur...

ÇUDI

Gjithë natën ra shi,
Në mëngjes
Dielli buzëqesh.
Kohë dinake,
Qesh e qan vend e pa vend.

Fsheh lotët e tu,
Fsheh mallin tënd...

NUK KA MË VEND
QYTETI IM

Po mbarojnë vendet
Në qytetin tim.
Nxito,
Ti mik,
Vëlla,
Shok!
Një vend për vete rezervo,
Për një bibliotekë,
Librari,
Arenë,
Sport...

Po mbarojnë hapësirat
Në qytetin tim.
Nxito,
Një vend rezervo,
Nesër të kemi
Ku të lozim domino.
Të vëmë një stol
Ku skeletët tanë përqafuar
Të kujtojnë të sotmen,

Të sotmen që nxiton të iki,
Të vidhet kalldrëmeve
Që kurrë s'u bënë
Dhe puthjet që kurrë s'u dhanë
Se s'kishin ku...

Po mbarojnë vendet e lira
Në qytetin tim.
Kudo betonime,
Parkime,
Kazanët e plehrave
Kanë shkuar larg,
Kinema nuk ka më,
As teatër,
As estradë...

Ka trotuare
Me pllaka që lëvizin
Plot të dhjera qensh,
Me sharje njerëzish që i shkelin
Dhe ikin mërmërimave
Që treten
Në ajrin e ngopur me urinë...

"Kurse bir, kurse!" -
Më thoshte
Me lot në sy gjyshezeza,
"- Bëji ca lekë të blesh
Dy metër vend në varreza".

Në qytetin tim
S'ka më vend për ne!
Ka vetëm për ata
Që thyejnë rekorde
Ëndërrash të gënjeshtërta,
Për duartrokitës
Të kthyer në mumje
Të vdekura,
Të heshtura!...

ZANË M'U BËRE

Bjeshkë me bjeshkë renda,
Gëzova.
Në shpirt pa fund,
Blerova.
Zanë më Zanë që njoha,
Ndalova.
Shova etjen,
Këndova.
As Muj as Halil me muskuj,
S'u ndjeva.
Kreshnik po,
Hapësirash fluturova.
Të gjeta
E mbi buzë të ndenja,
Ritin e zanave përsërita,
Në prehërin tënd fjeta.
Le të thonë se ëndërrat
Të vërteta s'kanë,
Të gjeta njeri
E m'u bëre zanë!...

I VETËM
NË PËRJETËSI

Në ditën e parë
Kishte pak dhimbje,
Habi.
Në të dytën
Sigurisht ambientim
Dhe një ceremoni.
Pastaj tringëlluan lugë, pirunj,
Pjata,
Gota...
Dikush harroi
Ngriti dolli,
Gati-gati një këngë serenatë

Dikush që s'di të mbajë iso...
E lëmë fare,
Bëjmë dhe pa këngë!
Ja, dy barcaleta,
Shshshttt,
Mos qeshni me zë të lartë!
Përsëri
Gëzuar!
Një gotë më shumë
E pirë,
E thyer...
Qoftë i paharruar!
Dhe ditën e katërt
(S'do më besohej)
Sikur s'kisha qenë kurrë
Unë i vetëm në përjetësi.

MONOTONI

Në tabut e mbyllëm fundjavën,
Kaq ishte.
U zgjuam, pimë kafe,
Shkëmbyem fjalë të lodhura
Që u bënë grindje bajate.
Pastaj
Bëmë sikur u pajtuam,
Qeshëm me njëri-tjetrin
Me shaka kallp,
Ose bëmë sikur.
Shëtitëm në pyll,
U bëmë apel zogjve,
I vumë të këndojnë.
Ata protestuan,

Në konkurs
Çmimet qenkan ndarë me mik!

Kënduam edhe ne
Secili këngën e vet,
Ose bëmë sikur
Dhe u kthyem
Nga kishim ardhur.
Gatuam,
Hëngrëm,
Lamë pjatat,
Ja dhe pak tv,
Lajmet, një film, sport...
Pastaj
Pak ftohtë, një kuvertë supeve
Duke pritur të hënën!

* * *

Ditët nëpër duar përkëdhel,
I kaloj si tespie një nga një.
Ndjej fillin të zgjatet pa fund,
Të numëroj mbrapsh
Nuk kthehem më...

LËKURA
E MËRZISË

Lëkurën e mërzisë
Të ftohtë,
Ma lanë në duar
Kur cullak më panë,
Kruspull.
Dhe ikën të marrët,
Marrëzinë
Si një oper të shëmtuar
Kërkuan ta shesin.
Kur dot nuk e shitën
Kërkuan ta dhurojnë,
Po edhe dhuratë
Askush s'e pranoi.

As mundën ta falin...

Lëkurën e mërzisë
Hedhur tej,
Mbi gjëmba marrëzish,
Ta shqyej,
Ta coptoj,
Kurorë të florinjtë
Ma zgjat dielli.
Me duart që dridhen e tres,
E tres në kupën e shenjtë
Të bëhem diell
Të vij tek ti...

PO MUNDE

Nëse një ditë
Do ndjej hapat e tu që largohen
Do të thërras një çast,
Të të them:
- Kthehu!
Kthehu, merr ç'ke lënë tek unë;
Krahët e bukur në qafën time,
Sytë që ende shikojnë përmallshëm,
Buzët e nxehta mbi të miat,
Këmbët e lodhura nga nxitimi në ardhje...

Kur të vish,
Sillmë puthjet që të kam dhënë,
Jepmi!
E pastaj,
Pastaj ik po munde!...

RRUZULLI I QENIES

Ștremb era gjethet e thata,
Si zogj i nis në shtegëtim
Për te ti
Si letra që dot s'ti dërgoj.
Jam bërë unik në botë;
I vetëm ngre piramida
Ku fsheh kujtimet e mia
T'i kem vetëm për vete.

Në rruzullin e qenies,
Majat e tyre
Në shpirt më shpojnë.
Të them:
- Mjekomë!

Po vetë ti mbi to mbete...

PRAG DIMRI

Gishta të ftohtë,
Zbardhur si shkumësa
Që presin të thyhen
Pa shkruar "të dua",
Nuk shtrëngojnë...

TE VARRI NËNËS

Në qytetin e mermertë
Të të heshturve
Erdha
Të të takoja.

Të thirra me përkëdheli
Si atëhere,
Përgjigje s'mora.

Mbi mermerin e zi
Lashë dy sfera të njoma
Dhe ika sërish.

Te mëkatarët shkova...

*** * ***

U zgjova me diellin,
I thashë: - Mirmëngjes,
Me rreze rrethuar rri!
Ç'mund të bëj tjetër
Gjersa të zgjohesh ti?

TI EJA

Do kërkoj të vish një mbrëmje
Njësoj si atëherë;
Me fustanin e zi
Spërkatur me yje,
Me varësen ngjyer me hënë,
Me këpucët
Që lënë gjurmë të bardha...

Mbase
Ashtu do vish vetë,
Se kujtimet s'të lënë
Të ma mbështetësh kokën në gjoks
E të themi
Ato që lamë pa thënë.

MOTIV POPULLOR

...

Veshin në të majtë,
Buzët në të djathtë,
Merak nuk më mbetet
Se është ditë e martë!

Majë më majë shëtis,
Thith nektarin tënd,
Mos u shty më tutje,
Mjaft e kam kaq vënd.

Rend nëpër lëndina,
Pij edhe nuk nginjem.
Shijoj mijëra ngjyra,
Në parajsë ndihem...

Duart nëpër flokë,
Kryqe bëj me këmbë,
Mos flas kot më kot
Shtrëngoj buzë e dhëmbë...

IMAZHE
GËNJESHTARE

Natë
Që vërtet përgjumur isha,
Lodhur nga dita
M'u bë se i dëgjova.
U ngrita,
U zgjova...
M'u duk si fund feste,
Një festë
Që mezi pritej të mbaronte.

Pastaj,
Kambanat heshtën,
Hëna mbi kambanare mungonte,
Nata u shurdhua sërish...

Çudi,
Vërtet çudi!
Imazhe gënjeshtare
Shurdhmemecësh...

THËNGJILLI

Ti
Që vetëtima false gëlltite,
Dogje natën time
Me zjarr të vërtetë.
Veten pyete:
Pse e grise fjalën e ëmbël?
Mirëmëngjes,
Në mbetjet e ditës
Hedhur e ke.

Ditën,
Po edhe natën
Me vargonj zjarri
Rrethuar
Thëngjill i mbuluar
Kur s'e pret të djeg,
Të përcëllon
Lëkurëpërvëluar...

Do ta ndërroj këtë lëkurë,
Si gjarpëri do ta ndërroj!
Degë gjëmba trëndafilësh
Mbështetur,
Gjakosur,
Rrjepur...
Ti njohur s'do më kesh
Kur si në përrallë
Të vij i dehur.
Do më puthësh
Si të jem
I Bukuri i Dheut!
2010

MBAJE MEND

Kur kaltërsia të pushtojë gjithësinë,
Kur dielli të pjesëtojë korrekt me dy,
Kur e bardha të bëhet e verdhë,
Mbaje mend,
Do të puth aty ku skuq më shumë!

Do jetë kohë ndërrimstinësh,
Kur të të uroj për ditëemrin tënd...

SI LEGJENDA

Nëntë muaj,
Nëntë javë,
Nëntë ditë!
Nga ty mesazh nuk marr.

Jam bërë Gjergj Elez Ali,
Baloz nuk shoh,
Mërzia
Plagë ma ka bërë shpirtin.
Me kë të luftoj,
Kë të vras
Që ti të vish sërish?

MIKU

*B*ëra fjalë me një mik,
Llaf pas llafi
U zumë.
Të nesërmen më tha:
- Çudi,
Sot të dashkam më shumë!

EDHE IKIN DASHURITË

Ke veshur këpucët magjike
Për të ikur larg.
Të tjerë të kanë parë
Në stacione trenash,
Aty ku konduktori
Fenerin për nisjet tund.
Nuk ka më biletë ikjeje
E ti nuk gjen vend.

Agjenci autobusësh,
Aeroporte
Nuk ofrojnë më bileta për ty,
Je "non grata" për udhë.

- Kthehu! - të thonë të gjithë.
Në përshpirtje,
Pa ditur ç'të bësh
Zhvishesh të flesh si ariu
Gjumin e gjatë
Për të kaluar dimrin.

Ç'gjumë të keq
Bën njeriu pa ëndërra!...

SA TË RRI

Të them shpesh e më shpesh:
- Botën time ke në duart e tua!
Po nuk është e vogël, as e lehtë,
Ndaj kur të lodhesh së mbajturi
Më thuaj...

Po sa,
Sa të rri?
A çmallesh dot ti?

VONESË

Khajam,
Kur më zgjove nga gjumi i gjatë,
Butet i gjeta bosh,
Çupat bërë gra,
Unë i lodhur jam...

Ku ishe më parë,
Khajam?
2016

VETMI

*M'*i more,
Nuk kam më rroba të të vij pas,
Këpucë aq më pak.
Veç kujtimet kanë mbetur
Dhe shpirti në shi,
Cullak...

SI GJITHNJË

Takohemi nesër në 8.00,
Para se të nisesh?
Ti çaj me fruta pylli do pish,
Unë një kafe, një raki.

Ti si gjithnjë
Ngjyrë rozë e lehtë,
Unë, si gjithnjë
Bardh e zi...

PARADOKS

U dashuruam,
Po kurrë s'bëmë dashuri.
Ikja unë,
Kur vija
Ikje ti.
E mbyllur, e heshtur,
E ëmbël, plot vesë
E unë gjith kërkesa e huqe.
Dhe s'bëmë dashuri
As kur solla
Lule të bardha,
Lule të kuqe...

NJË BALONË
DO NGRE

Do pi një ditë,
Do pi, do dehem,
Më shumë nga çdo ditë
I dehur jam.
Pastaj do ngre një balonë
Ku shkruar do jetë emri yt
Zbukuruar plot lule,
Plot degëza nga pema jote
Që pranverave lulëzon
Në paqe.

Do ta ngre lart, lart...
Sa të lexohet
Në Quebek,
Në Montreal,
Në Athinë apo në Tel Aviv,
Në Berlin apo në Tiranë...
Pastaj,
Le të heshtin zogjtë
Që degëzave të tua cicërijnë,
Se ti bleruar do jesh
Dhe balonën time
Në gjoks do mbash!

PRITJE

Në peshoren e shpirtit tënd
Unë e di,
Në njërën anë jam Unë,
Në tjetrën Ai.
Të dy jemi larg,
Presim
Të zgjedhësh Ti...

* * *

Lumenjtë e shpirtit derdha për ty
I pive e s'u ngope dot.
U desh dhe një lot...

* * *

Kur vjen, më bën xheloz,
Kur s'vjen, më bën merak.
Bëmë pak vënd në jetën tënde
Të vij të rri tek ty, aty lart...

NËSE MË DO
TË TËRIN

Unë s'do jem më unë;
Do flas me gojën tënde,
Do shoh me sytë e tu,
S'do bëj dot më shumë.

Nëse më do për vete,
Do bëj lëvizjet e tua,
Do dëgjoj me veshët e tu
E sërish s'do jem më unë.

Nëse më do të tërin për vete,
S'do kem më sy, veshë, as zë.
Dhe sigurisht s'do jem më unë,
Ti s'do më duash më...

NATËN
E YJEVE QË BIEN

Bekuar qoftë
Kjo hënë grabitqare
Që gjumin na ka marrë
E zgjuar na ka lënë
Në këtë mbrëmje
Të ngrohtë mesgushti!
Kur yjet që bien,
Qiellin shkaravisin
E gjurmë të zjarrta lënë
Në spektaklin e tyre...

E nën këtë kupolë
Gjysmësferike buzë deti,
Fjalë dashurie e jete
Pëshpërisim,
Mes nanuritje
Të pafundme përkedhelish
E pagjumjeje...

Vështrimet që s'duken
Në terr,
Sërish
Pranë njëri-tjetrit
Na lënë
Në një botë të pakufinjtë....

SI NË EDEN

S'vonova me muzgun të vij
Këtë mbrëmje të artë prilli.
Tretur padurimit ishe ti,
Nga malli tretur si qiriri.

Në duar më le një kupëz lot
Që derdhe me aq përgjërim.
E ktheva me fund mbushur plot
Ilaç të fortë për shpirtin tim.

Dhe një me natën u bëmë ne
Te njëri-tjetri tretur, tretur...
Në buzë nektarin tënd më le
Dhe pritjen jetime mbetur...

TIM BIRI

Si gjithë fëmijët edhe ti
Nganjëherë ke temperaturë.
Mbrëmë natën te koka të ndenja
S'më vjen mirë ta quaj torturë.

Dhe qeshja e qeshja me ty
Dhe arsyetimin tënd fëminor:
"Kush hënës tatuazh i ka bërë,
Kush zbardhi malet me korrektor?

Kush diellit zjarrin ia ka vënë,
Peshqve ushqim kush iu ka hedhur?
Që hëna me barrë mos mbetet
Dielli mos duhet tredhur...

I lodhur pse je, ke luajtur shumë?
Eja presim punëdore me gërshërë.
Mami nxiton për punët e shtëpisë,
Ti detyra për neser s'ke bërë.

Dhe qeshja, do qesh prapë me ty,
Për sa kohë jetën të dish lodër.
Gjithë natën përkëdhelur u ndjeva
Në moshën që je ti ktheva kohën...

ZEMËR ÇAPKËNE

Eh, zemër çapkëne,
Zë, më ke dhënë vargjeve,
Sa herë mes rrugësh më ke lënë
Heshtur,
Memec para vajzave...

Eh, zemër çapkëne,
Ke qeshur
Me trishtimin tim tallur je.
Në dhomëzat, në barkushet e tua
Rob dashurie më le...

Eh, zemër çapkëne,
Kemi qeshur,
Sa herë bashkë kemi qeshur
Dhe lutem:
"Nga gazi
Bashkë kemi për të vdekur...".

QYTETI IM

Në ajrin e pluhurt të qytetit tim
Zogjtë hutueshëm fluturojnë,
Pa kurrfarë orientimi.

Trafiku i tyre rënduar është,
Folezëbetonuar ngado,
Pa gjelbërim...

Mureve beton të qytetit tim
Ngjitur postera fytyrash
Nga zgjedhjet e fundit vjetëruar.

Lagur nga shiu,
Tharë nga era, djegur nga vapa
Ambientalistë të betuar...

Dhe zogj, ah, zogj
Me cicërima që bien si gjethe vjeshte
Të thara, të lagura në shi,

Zogj që vajtojnë trishtuar
Se nuk gjejnë
Dashuri...

TRAFIK

Trafik i rënduar
E di.
Ti, që zjarr dashurie
Hijeve ecën
Qëndro në sytë e mi!

Mos kërko
Ku të parkosh
Pasionin tënd,
Veç në zemrën time
Ke vendin tënd...

AEROPORT

Fole të mëdha
Ku ulen e ngrihen
Zogj të çeliktë.
Pritje, përcjellje pa mbarim
Atje ku përplasen dashuritë.
Për ndarjet dhimbje,
Për mbërritjet gëzim.

Zhurmojnë njerëz
Mbrëmjeve,
Në mëngjes...
Rekord me kurorë;
Në rruzull,
Vendi me puthjet më të shumta
Për metër katror...

DO VIJ

Të kam thënë,
Kaq herë të kam thënë
Më prit.

Do vij atëherë
Kur muzgu
Të bëhet i trëndafiltë.

Do vij atëherë kur dielli
Shuar do jetë
Nëpër kaltërsi...

Ndaj mos vrapo
Pas hije ëndërrash,
Të kam thënë
Do vij!...

Zgjohu mëngjeseve të dëlirë,
Freskisë së tyre
Përkëdhelur...

Do vij të të sjell ëndërrën
Që vetë
Ke zgjedhur.

SHREK

Sot ra shi i përbaltur,
Turbulloi retina sysh
Pas xhama makinash.
Sheferët
Si Shrekë më ngjanë.
Qesharak u duk qyteti,
Përrallë
Mbushur me lodra,
Me personazhe.

Unë,
Pjesë e së tërës.

Me vete një Shrek
Qesh zetrashë,
Pështyj, kollitem,
Pengohem mendimesh,
Bie pa u vrarë
Si në përrallë...

UNË DRERI YT

Mes gishtave të tu
Brirët përkëdhel.
Ti, vizitorja ime
Më buzëqesh,
Misër më hedh.

Tunduar ndihem,
Pas të ndjek.
Ti ikën,
Vrapon,
Nga ndjekja ime
Gëzon e qesh...

Unë iki, vij,
Ti hije, dritë...
Lozim në kopësht
Ti lozonjare,
Unë dreri yt!
2011

ZANAFILLA

*S*pari erdha unë
T'i prish vetminë kësaj bote.
Mbuluar,
Pis me baltë isha,
Përgjunjur zvarritesha.
- Nga balta je bërë! -
Më thanë.
Doja të ngrihesha,
Por nuk mundja,
Nuk mundja,
Rob i baltës mbetesha...

Pastaj erdhe ti,
Habitshëm të shihja.
- Është brinjë nga të tuat! -
Më thanë.
Brinjët kontrollova,
I kisha të gjitha.

Po ti,
Kush ishe?

Ëmbël më shihje,
Shpenguar qeshje.

Mbeta hutuar,
Turpëruar
Në pellgje u lava,
Atje
Ku lakuriqësinë time pashë
Dhe mbeta
Me gjethe mbuluar...

Pastaj, ti heshte
E më nuk qeshe,
Inatçore u bëre,
Supet mbulove,
Edhe gjinjtë e fortë,
Edhe kofshët e arta...
E tëra!

E që atëherë
Nga inati i njëri-tjetrit
Mbetëm mbuluar,
S'u kthyem më pas.
Gjithnjë të pakënaqur,
Gjithnjë të penduar.

Me gjethe gënjeshtrash,
Mbuluar!...
2011

NË KOHË
NGRICASH

Me njëri-tjetrin,
Heshtazi rrimë përballë,
Të dy fajtorë,
Asnjëri me faj.

Në heshtje flasim,
Me mend puthemi.
Qajmë a qeshim?
S'arrijmë të dukemi!

MË PRIT

Po nisem herët,
Kam rrugë për të bërë.
Ti fli, akoma fli!
Nuk po t'i tremb ëndërrat,
Luaj me to
Gjersa të vij...

Sytë t'i putha,
Ëndërra shijova aty.
Edhe flokët i nuhata
Kur merrja frymë në shtrat,
Jetë mora,
Bekimin për rrugën e gjatë.

Kur të zgjohesh,
Nuk do jem më aty.
Mos u habit,
Dy puthje - gjethe vjeshte
Në herbarium kujtimesh
Lashë te jastëku yt.

Po nisem,
Më prit!
2012

TI MË THUAJ

Ti,
Po, po,
Vetëm ti që vjen nga larg
Më thuaj,
Më thuaj që ajo është mirë.

S'ka gjë,
Mos më thuaj që është vetëm,
Që më pret akoma.
Thuajmë vetëm
Që është mirë

Që qesh e gëzon,
Që nuk mendon për mua,
Që lumtur jeton.

Që vargëzon
Me pështërima shpirti
Dhe vështrimin e kthjellët
Si afresk hedh në letër.

Edhe nëse është e vërtetë
Që një tjetër përkëdhel tani,
Mos ma thuaj,
Më mirë të mos e di...

PEIZAZH QYTETI

Kur ka njerëz
Që rrëmojnë nëpër plehra,
Nuk ka mace në qytetin tim.
Në mbrëmje,
Kur njerëzit ikin të pushojnë
Macet vijnë e rrëmojnë
Ndaj... s'ka as minj.

Prandaj është i pastër
Gjer në mëngjes
Qyteti im!

KJO IKJA JOTE

Kjo ikja jote
Vetëtimë
Më lë trishtuar
Në breg të ëndërrës,
Kambanë që bie tek unë,
Melodi e trishtë ikjeje.

Në stinë që ndërrohen
Kjo ikja jote
Lë gjurmë të bardhë
Mbi dëborë.
Në qiellin blu,
Në qiell të gjerë,
Mes melodish pres vetmuar
Mbërritjen tënde
Kur stinët prapë
Të shkëmbejnë udhë...
2011

DITËT

Shtatë fenerë qiellorë,
U bënë shtatë ditë jave,
Nga e mërkura,
Tek e marta.

Po kur shtatë ditët
Të bëhen shtatë xhuxha,
Kush vallë
Do bëhet Borëbardha?

NJË JETË
MË PARË

Si sot një jetë më parë
Kam puthur.
Atëherë
Kur dashoroja si i marrë
Një lule,
Një flutur.

Një jetë më parë!...

Dhe sot ndihem njësoj,
Në altar të ndjenjës
Duke u lutur.

Mos ma zbehe atë kujtim,
Atë çast
Dhe më le pa puthur?...

KUR VJEN
NGA LARG

Ti tani je bërë zog,
Je nisur në fluturim.
Unë me këngë të ndjell në tokë,
Ta lësh për më vonë shtegtimin.

Ti tani je bërë zog,
Po, po tani që erdhi vjeshta
Me dallëndyshet pres të vish,
Si nota në pentagram, në tela...

PRAPË

Diku larg bën aromë një lule,
Diku larg bën ktaron një bletë,
Diku larg rimon një varg
Dhe prapë ka jetë.

Ka jetë!...

MIKLIM

-Çfarë shkruan ashtu vallë,
Hieroglife?
Germa qe s'i marr vesh. -
Më sheh,
Më sheh në sy çapkëne
E buzëqesh...

- Çfarë shkruan ashtu?
Dhe hedh mbi mua gurë,
Gurë që s'më vrasin.
Ç'më thua:
- Le, po mbahesh dhe për burrë!

Dhe heshtim,
Dhe s'flasim!

PAGJUMËSI

Gjithë natën
I mata rrugët me hapa,
Pa shkelur s'lashë vend.
Po veç numri
I blirëve të çelur
Më mbeti në mend...

NJË JAGO

Dje
Një burrë në trotuar
Shiste shami grash.
Ishin të bukura,
Me një "D" të kuqe qëndisur,
Me pak tantellë anash.

Dy njësoj nuk i gjeje.
I shiste shtrenjtë
Dhe ngërdheshej.

Ajo "D" e kuqe
Kishte aromë dashurie
Lagur me lot.
Lot Dezdemone,
Që askund s'ka më,
Nuk gjen dot.

Mburrej dhe thoshte:
- Sjellin fat,
Të dashurave fshehur
Ua kam marrë...

Një Jago dhëmbëverdhë
Shiste shami grash në trotuar...
2015

KAM FOLUR
MBRËMË

Kujdes,
Më thanë,
Mbrëmë ke folur në gjumë
Tek bridhje nëpër ëndërra.
Kujdes!

Dhe nuk di ç'kam thënë,
I pagojë u skuqa,
S'kujtoja ku qeshë;
Vegimeve,
Shpresave,
Në më buzëqeshte Monaliza
Apo kokën
Më priste Kleopatra...

Dhe befas në gjoks
Më plasi
Nagasaki e Hieroshima.
Nuk e di,
Nuk e di
Çpo ndodhte,
Kush po skuqej më parë,
Unë që digjesha,
Që plasja nga brenda
Apo ti që vazhdon të lozësh,
Të "kërcesh me litar"?
2012

HIJET

Tani
Të gjithë më duken hije,
Hije që largohen
Si ti
Dhe mbetem me diellin tim
Në shkëlqim...

Dashuria ime e madhe,
U trete si kripa në ujë,
U mpake u zvogëlove,
Mbete sa një gisht.
Në ardhje u bëre hapvogël,
As ndjenjë më,
As për të prekur me mall.

Me aq sa ke mbetur,
Kujt i duhen gishtat vallë?

ZOGJTË

Zogjtë sjellin lajme;
Një, dy, tri... një, dy, tri!
Këndojnë mbi mua
E sjellin dashurinë
Munguar...

NDIHMOMË

Më thanë se duhet të të harroj!
Po si mundem
Ato duar,
Ata sy,
Ato prekje që jetë më dhanë
Sa herë ishim të dy?

Më thanë se duhet të të harroj!
Dhe t'u luta:
- Ndihmomë
Se vetë dot s'guxoj!

***

Dashuroj sipas mënyrës sime
Duke kafshuar vetminë...
Ti më lër të gaboj si dua,
Se të gaboj jam i lirë...

***

Ti ikën bashkë me dimrin
Sa një pikë në horizont.
Unë, ah unë sa nxitoj
E s'të kap dot...

DILEMË

Tashmë ky qytet është i trishtë.
Gjithçka;
Parqet,
Vendtakimet,
Bar-kafetë,
Rrugët
Trotuarët
Duhen prishur e rindërtuar...

Ose braktisur
Nga shtegëtarët!

DHIMBJE

$\mathcal{N}$dihem i dënuar të të dashuroj ty,
Në pranga më ka mbetur qetësia.
E s'munda ta besoja dot
Se është kaq dhimbje dashuria...

PRITJE

Po ndërrojnë stinët, e dashur,
Dimri po ikën kuturu.
Unë pres një verë më të kaltër,
Më të ndritshme, në krahët e tu.

Më të bukur se stinët që shkuan
Ku mungonin ditë jetuar...

* * *

S'më gjen,
Pse thua që dot s'më gjen?
Kërkuar gjithë ditën më ke.
I humbur në ty jam unë,
E udhë të dal nuk po gjej...

* * *

Zgjohem nga "mirëmëngjesi" yt
Me një puthje në ballë.
Dhe dita
Ah, dita më bëhet e bardhë...

196

* * *

Më pyet shpesh,
- Sikur të nisje jetën nga fillimi
Ç'do bëje ti?

Aty, nën flokë të pëshpëris:
Së pari, do kërkoja të të gjeja ty!...

KJO PEMË

Me pemën përballë ndihem rival.
Duart zgjat drejt ballkonit tënd
E s'mund ta ndal
Të të prekë ëndërrat,
Të të zgjojë,
Të të lërë pa mend,
Të të gënjejë,
Të të thotë erdhi pranvera
Pa mua...

Ndonëse ende e lakuriqtë,
Me gishtat akull,
Të përkëdhel flokët
Vetëm se është më e lartë
Dhe arrin aty,
Pas xhamit ku ti je,
Pas xhamit ku merr frymë,
Endërron,
Fle...

MOS HARRO
TË MË PUTHËSH

Pas puthjes së mbrëmjes
Në ëndërra të shoh e gëzoj.
Dhe treten orët,
Minutat
Sekonda bëhen,
Agimi vjen
E ditë e re çel sytë,
Lan fytyrën
Me mallin që merr nga sytë e mi.

Mos harro
Të më puthësh mbrëmjeve
Që netët
Të mos më duken te gjata,
Të marrin ngjyrë jargavani,
Të më sjellin pranë
Aromën tënde
Që askush s'e ka...
2014

LËNDA

Si zgjua 7
Shpirti 8
Shihnim filxhanët 9
E teta je ti 11
Pak Odise 12
Sa e fshehur je 13
Djegie 14
Për ty, miku im 15
Rastësisht 17
Deti 18
Lotë fëmije 19
Konstatim 20
Kujt t'i lutem 21
Ekg 22
Ne, Eva dhe Adami 23
Si jeta 24
Sheherezadja ime 25
Sytë e tu 26
Mbrëmë fjeta me Kleopatrën 27
Përrallë me mbret 29
Paragjykim 30
Imzot Robinson 31
E dua me vete 34
Remi 36
Në gjumin tënd 38
Diellin mos ma mbulo 39
Sot 42
Korbat 43
Permbytur 44
Kur mbrëmja të vijë 46
Ishte kohë fishkëllimash 48
Nënës 52

Ulliri i vjetër 54
Tinguj mesnate 55
Nën avlli të putha 57
Në Pogradec 58
Shtëpi e vjetër 59
Ah, analizat 60
Nën dritaret e tua 62
U luta 63
Aty 64
Nesër mos më zgjo 65
Pa busull 66
Trokas 68
Kur ti fle 70
Sa herë 71
Verbuar 72
Kambanarja 73
Aty isha 75
Aritmetikë 76
Ankohesh 77
Kuitz 78
Përcillmë 79
Ike 81
Qyteti im 82
Kjo jetë lojë 84
Asnjë kalë 85
Të shenjtërohem pak 86
Arixhofka 87
Do pres deri vonë 88
Zarfi i bardhë 89
Ëndërr 91
Revansh 92
Nata 93
Pa gjumë 94
Nisu dhe pi 95
Në arkën e Noes 97
Si fëmijë 98
Rrugë jete 101
Mos harro 104
Vjen ti 106

Se si m'u duk 107
Nëna 108
Mbrëmë 109
Busti 110
Stina vonon 111
Murgu 112
Dallëndyshet 114
Pritmë 116
Fjeta 117
Quitz 118
Brorimë yjesh 119
Një ëndërr 120
Vrasje 121
Meditim 122
Sa prita 124
Çudi 125
Nuk ka më vend qyteti im 126
Zanë m'u bëre 129
I vetëm në përjetësi 130
Monotoni 132
Ditët nëpër 134
Lëkura e mërzisë 135
Po munde 137
Rruzulli i qenies 138
Prag dimri 139
Te varri nënës 140
U zgjova 141
Ti eja 142
Motiv popullor 143
Imazhe gënjeshtare 144
Thëngjilli 145
Mbaje mend 147
Si legjenda 148
Miku 149
Edhe ikin dashuritë 150
Sa të rri 151
Vonesë 152
Vetmi 153
Si gjithnjë 154

Paradoks 155
Një balonë do ngre 156
Pritje 157
Lumenjtë, Kur vjen 158
Nëse më do 159
Natën e yjeve që bien 160
Si në Eden 162
Tim biri 163
Zemër çapkëne 164
Qyteti im 165
Trafik 166
Aeroport 167
Do vij 168
Shrek 169
Unë dreri yt 170
Zanafilla 171
Në kohë ngricash 173
Më prit 174
Ti më thuaj 175
Peisazh qyteti 177
Kjo ikja jote 178
Ditët 179
Një jetë më parë 180
Kur vjen nga larg 181
Prapë 182
Miklim 183
Pagjumësi 184
Një Jago 185
Kam folur mbrëmë 187
Hijet 189
Zogjtë 190
Ndihmomë 191
Dashuroj, Ti ikën 192
Dilemë 193
Dhimbje 194
Pritje 195
S'më gjen, Zgjohem 196
Më pyet 197
Kjo pemë 198
Mos harro të më puthësh 199

TAKOHEMI NË ËNDËRR
ILIR MAGJISTARI